1 **A PROPOS**

Marko Kraljevic : Ingénieur du sport

2 **LA CUISINE**

L'importance de la cuisine dans le quotidien

6 **INDISPENSABLES**

Les outils indispensables pour le bon déroulement du programme

9 **PROGRAMME**

La description détaillée du programme

57 **APRÈS 21 JOURS SILHOUETTE**

Les conseils pour un changement durable

Marko Kraljevic

A PROPOS

NOUVELLE MÉTHODE SANTÉ

Objectif : -9 kg en 21 jours

A propos de l'auteur

Marko Kraljevic est un Personal Trainer, consultant et ingénieur de sport. Titulaire d'un double Master universitaire et d'une Licence Entrainement Sportif, il possède trois Brevets D'Etats dans la musculation, fitness et karaté.

Son travail en tant que Personal Trainer l'oblige à travailler avec des personnes dont la problématique est souvent de l'ordre esthétique. Chaque semaine il côtoie plusieurs centaines de personnes qui ont des soucis de poids et les accompagne dans la réalisation de leurs objectifs.

N'étant pas fan des régimes alimentaires sévères il prône une alimentation saine et équilibrée. S'inspirant des grands chefs cuisiniers de la haute gastronomie, il a décidé de mettre au point un plan de 21 jours qui vous permettront d'atteindre vos objectifs de perte de poids.

La jeunesse tout au long de la vie

La jeunesse se trouve dans la cuisine

Une bonne hygiène alimentaire et la pratique d'une activité physique régulière sont les premiers moyens de prévention pour préserver efficacement son capital santé et maintenir sa qualité de vie et son autonomie.

Développer des compétences en cuisine est un atout pour un style de vie plus harmonieux.

Dans la cuisine il faut avant tout lutter contre la monotonie pour avoir toujours plus de variété alimentaire dans nos assiettes. Dans ce programme de 6 semaines vous aurez des menus attrayants faciles à préparer.

"Cuisinez avec votre cœur et partagez vos recettes avec les autres"

Se faire plaisir par le biais de l'alimentation permet la sécrétion de précieuses endorphines qui nous rendent heureux et calmes. Voir le sourire de vos convives lorsque vous aurez partager les recettes avec eux vous encouragera d'avantage de cuisinez

La mort commence dans le colon

Hippocrate

En fait, 60 à 80% de notre système immunitaire se trouve dans notre intestin, et 90% des neurotransmetteurs sont fabriqués dans notre intestin.

Un tube digestif mal entretenu augmente le risque d'une immunité déficiente. Il existe alors une vulnérabilité plus grande aux maladies infectieuses et inflammatoires touchant les sphères digestives, respiratoires et urogénitales.

> "Aucune maladie y compris le cancer ne peut exister dans un milieu alcalin."
>
> DR. OTTO WARBURG
> PRIX NOBEL 1931

Changez votre alimentation

Les déséquilibres intestinaux ont été associés aux déséquilibres hormonaux, aux maladies auto-immunes, à la fatigue chronique, la fibromyalgie, l'anxiété, la dépression, l'eczéma et au diabète.

L'objectif d'une bonne alimentation est de se débarrasser des choses qui affectent négativement l'environnement du tube digestif tels que les aliments inflammatoires et les irritants gastriques.

Réintégrez les ingrédients essentiels pour une digestion et une absorption adéquate est la clé de ce programme.

Fournir les nutriments nécessaires pour aider l'intestin à se réparer est essentiel. Cela vous aidera à avoir une fonction hormonale optimale indispensable à la croissance musculaire.

Les produits transformés ne contiennent que très peu de nutriments absorbables. La pasteurisation et la stérilisation détruisent les micronutriments tout en dénaturant la qualité des macronutriments. Ce sont des véritables bombes à retardements dans votre intestin. Limitez au maximum c'est aliments!

Marko Kraljevic

PRO
TÉINES

Le hareng est un poisson possédant 18.7 g de protéines pour 100g

Les protéines assurent une multitude de fonctions au sein des cellules de notre organisme.

Les "protéines" comme la Whey issus de la pharmacologie sont nocifs pour l'être humain. Le lactosérum transformé est un résidu encombrant et très polluant pour l'organisme créent des inflammations de l'intestin.

L'objectif de ce programme de 21 jours est aussi de vous démontrer que vous n'avez pas besoin de shaker à la whey coûteux
pour obtenir une belle silhouette

Un apport conseillé de protéine par jour est de 0.83 g par kg de poids et peut monter jusqu'à 1.1 g par kg de poids chez un sportif.

Plusieurs études ont démontré que les 2.2 g par kg de poids de protéines ont des effets néfastes sur des reins n'apportant aucun gain significatif sur la performance musculaire.

Une personne souhaitant mincir va toujours être inquiète de ne pas avoir un apport suffisant en protéines cependant ce programme est conçu spécialement dans le but d'apporter les besoins essentiels en macronutriments.

Les suppléments en protéines ou acides aminés ne sont pas nécessaires durant cette période de 6 semaines. Tous les macronutriments essentiels se trouveront dans les recettes proposés

Les salades de fruits sont riches en micronutriments.

VITA MINES

La plus part des chevronnés des salles de musculation cherchent à se supplémenter en vitamines ou en protéines. Les vitamines sont des micronutriments essentiels pour des échanges vitaux. Elles doivent être apportées régulièrement et en quantité suffisante par l'alimentation. Elles sont des précurseurs de la synthèse des enzymes et des hormones.

Toutefois les vitamines comme des protéines issus de la pharmacologie ont perdu leurs propriétés du à leur procédés de transformations notamment par la cuisson à la température élevée.

De 35 à 50°C, les arômes sont libérés et modifiés. Entre 60 et 75°C, la vitamine C est détruite. De 40 à 75°C, les enzymes présentes dans l'aliment, nécessaires à la digestion, sont détruites. De 90 à 95°C, certaines vitamines B et une grande partie de la vitamine E sont détruites. Autour de 110°C, les vitamines A et D sont oxydées.
A 120°C, destruction des dernières vitamines résistantes B et E, atteinte des lipides et formation de composés néfastes

Pour extraire ces précieux vitamines et oligoéléments vous aurez besoin d'un extracteur de jus et d'un blender.

Les suppléments en vitamines et minéraux ne sont pas nécessaires durant cette période de 6 semaines. Tous les micronutriments essentiels se trouveront dans les recettes proposés

`INDISPENSABLES`

Si vous vous aimez faites le pour vous. A la fin de la journée ce qui compte c'est le respect que vous avez pour votre corps.

L' extracteur de jus est le premier investissement pour votre bien être. Comme son nom l'indique il extrait des jus des fruits et des légumes.

Peu caloriques et riches en eau, les jus sont une source de vitamines exceptionnelle. En consommant régulièrement des jus frais, réalisés avec des fruits et légumes de saison, vous renforcez votre santé. Les jus de fruits présentent les mêmes caractéristiques nutritionnelles que les fruits.

Il en existe beaucoup de modèles, de styles, de technologie et de prix. Le meilleur n'est pas nécessairement le plus cher. C'est celui qui extraira le plus de jus possible du fruit ou du légume, et qui conviendra le mieux à votre utilisation. Les extracteurs à vitesse lentes sont ceux qui préservent le plus de nutriments

INDISPENSABLES

Votre corps est un entreprise à part entière. Vous décidez si vous souhaitez l'enrichir ou l'appauvrir.

Un autre outil indispensable dans votre cuisine c'est un blender. Contrairement à l'extracteur de jus le blender sert à mixer et créer des smoothie délicieux.

Un blender fonctionne en utilisant des lames rotatives qui vont mixer, couper, en un mot broyer les aliments et ce de manière indifférenciée. Un fruit va se transformer en purée ou en jus selon sa nature, mais la mixture obtenue in fine sera le résultat de TOUT ce qui était dans le blender à l'origine. Ainsi pour les fruits et légumes, vous obtiendrez une boisson contenant les fibres, la peau, les pépins et la la chair.

Notez toutes fois que du à la vitesse de la rotation des lames et de l'oxydation liée à cette rotation certains micronutriments seront partiellement détruits c'est pour cela qu'on essayera d'ajouter de la glace afin de ralentir ce processus de destruction.

INDISPENSABLES

Manger sainement n'est pas un privilège mais un choix.

Une balance de cuisine va vous aider à calculer rapidement le poids de vos aliments. Certains modèles de balances de cuisine disposent de fonctionnalités très poussées. Plusieurs modèles disposent d'un système d'estimation approximative du nombre de calories présentes dans la préparation du moment.

D'autres, permettent d'évaluer avec une certaine précision la teneur en glucides, celle en lipides ou encore la quantité de sodium que l'on trouve dans les différents aliments. Toutes ces petites fonctionnalités ont évidemment un coût. Plus la balance sera recherchée, plus elle sera chère.

Veillez à bien évaluer vos réels besoins avant d'acheter un modèle qui vous tente. Pour le programme 21 jours minceur silhouette une simple balance de cuisine suffit amplement.

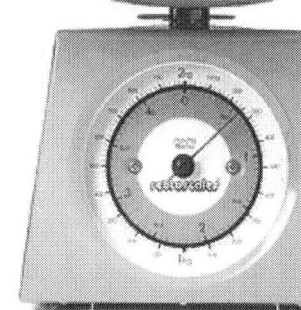

L'ATOUT DU PROGRAMME 21 JOURS MINCEUR SILHOUETTE

Le programme de 21 jours minceur est très facile à suivre. Vous serez accompagnés tout au long du processus. Pour chaque jour vous allez avoir un plan détaillé nutritionnel et sportif

Il est très important que vous dédiez au plan préétabli. Le plan nutritionnel et le plan sportif sont élaborés d'une manière efficace pour que vous puissiez atteindre vos objectifs en 21 jours.

Si vous respectez ce programme vous allez voir des changements dès la première semaine. Vous serez plus forts, plus efficients et vous allez avoir plus d'énergie dans votre quotidien.

La méthodologie mise en place dans le programme entrainement est très efficace pour vous permettre de mincir.

C'est le moment de prendre le contrôle de votre corps et de votre santé.

Courage!!!

1 PROGRAMME

3 PHASES

Le programme de 21 jours minceur silhouette est basé sur le principe du jeûne intermittent. Le jeûne intermittent consiste à alterner des périodes où l'on mange avec celles où on ne mange pas (mais en continuant à boire), de manière régulière.

Les études indiquent que le jeûne intermittent favorise la perte de poids en seulement quelque semaines. La diminution d'ingestion calorique ainsi qu'une équilibration alimentaire facilitent une perte du tissus adipeux.

1 PROGRAMME

3 PHASES

Dans la première phase on va se concentrer sur la reéquilibration alimentaire avec 4 repas par jour. Le premier repas sera fait à partir de 7h. Le dernier repas sera fait maximum avant 19 heures.

Ensuite dans la seconde phase on va travailler sur la diminution progressive du nombre de calories ingérer. A nouveaux le premier repas sera effectué à partir de 7h cependant le dernier repas sera effectué maximum avant 18 heures.

Pour finir dans la dernière phase on va enlever un repas par jour passant de 4 repas à 3 repas par jour et le dernier repas sera effectué maximum avant 17h.

SEMAINE 1
LUNDI

ASTUCE : LES PROTÉINES CONTENUES DANS L'OEUF SONT D'UNE EXCELLENTE QUALITÉ, CAR ELLES APPORTENT LES ACIDES AMINÉS DONT A BESOIN NOTRE ORGANISME.

MATIN : SMOOTHIE PROTÉINÉ

1/3 ananas
1 demi banane
5 fraises
50g de tofu

MIDI : ŒUF BÉNÉDICTE

100 g de filet de bœuf
1 tranche de bacon de dinde
1 muffin anglais
1 œufs
1/2 piments émincés
1 gousse d'ail
1/2 citron

APRES MIDI : SMOOTHIE

1/2 banane
1/2 mangue
1 grosse poignée d'épinard
1 poignée de roquette

SOIR : ROULADE DE CAROTTE

1 carotte râpée
1 branche de céleri émincée
1 botte de ciboulette émincée
6 feuilles de menthe
½ citron

LUNDI
CUISSES

Fentes alternées — 45/15 sec
- 4 séries
- 3 répétitions
- 1 minute de récupération

Squats — 45/15 sec
- 4 séries
- 3 répétitions
- 1 minute de récupération

Montées genoux sur place — 45/15 sec
- 4 séries
- 3 répétitions
- 1 minute de récupération

Sprints sur 10m — 45/15 sec
- 4 séries
- 3 répétitions
- 1 minute de récupération

Fentes laterales — 45/15 sec
- 4 séries
- 3 répétitions
- 1 minute de récupération

SEMAINE 1 MARDI

ASTUCE : L'ARTICHAUT FACILITE SURTOUT L'ÉLIMINATION URINAIRE : IL EST LÉGÈREMENT DIURÉTIQUE GRÂCE À SON POTASSIUM ET SON INULINE

MATIN : JUS ENERGISANT

3 pommes
3 petits fenouils
1 barquette de cresson
½ citron

MIDI : FLÉTAN AU FOUR

100 g de flétan
4 tomates cerises
1 gousse d'ail
2 cuillères de l'huile d'olive
100 ml de bouillon de légumes
1 demi citron vert
50 g d'olives
50 g de coeur d'artichaut
1/2 oignon
Sel, poivre et épices aux choix

APRES MIDI : SMOOTHIE

1 banane
2 pommes
1 bouquet de persil
6 feuilles de menthe

SOIR : SALADE DE CHOU

½ chou vert émincé
¼ de chou rouge émincé
1 blanc de poulet de 100 gr
1 poignée d'épinard
1 carotte râpée
½ poivron rouge, émincé
1 oignon rouge émincé
1 citron

MARDI
ABDOMINAUX

Planche gainage
45/15 sec
- 4 séries
- 3 répétitions
- 1 minute de récupération

Planche laterale
45/15 sec
- 4 séries
- 3 répétitions
- 1 minute de récupération

Relevés de buste
45/15 sec
- 4 séries
- 3 répétitions
- 1 minute de récupération

Crunch classic
45/15 sec
- 4 séries
- 3 répétitions
- 1 minute de récupération

Relevés de buste
45/15 sec
- 4 séries
- 3 répétitions
- 1 minute de récupération

SEMAINE 1
MERCREDI

ASTUCE : L'AVOINE CONTIENT 8 ACIDES AMINÉS QUI CONTRIBUENT À LA FORMATION DE NOUVEAU TISSUS DANS L'ORGANISME

MATIN : SMOOTHIE PROTÉINÉ

5 fraises
6 framboises
6 myrtilles
50 g de fromage blanc
10 g d'avoine
1 cuillère à café de maca

MIDI : BOEUF THAI

100 gr de riz complet
150 gr de bœuf rumsteck
1/4 de poivron rouge
2 cuillères de l'huile d'olive
4 tomates cerises
1/4 de l'oignon
Sel, poivre et épices aux choix

APRES MIDI : SMOOTHIE

1 banane
½ sachet de fruits des bois congelés
½ laitue romaine
1 cuillère à café de poudre de vanille

SOIR : SOUPE À LA TOMATE

7 tomates
1 carotte
½ poivron rouge
1 oignon rouge émincé
1 citron

SEMAINE 1
JEUDI

ASTUCE : LA CANNELLE CONTIENT DES HUILES ESSENTIELLES, DU MANGANÈSE, DU FER ET DU CALCIUM.

MATIN : SMOOTHIE PROTÉINÉ

1 cuillère à soupe de protéine de lin
1 cuillère à soupe de graines de chia
1 dose de guarana
1 cuillère de poudre d'Acai
10 framboises
2 pommes
1 demi verre d'eau

MIDI : CARPACCIO DE THON

6 feuilles de coriandre
1 steak de thon de 100 gr
1 poignée d'epinard
2 cuillères de l'huile d'olive
1 demi citron vert
1 cuillère à café de sauce soja
Sel, poivre et épices aux choix

APRES MIDI : SMOOTHIE

2 pommes
1 poire
2 grosses poignées de rampon
1 c. à café de cannelle

SOIR : SALADE

100 g d'épinard
5 tomates séchées
½ poivron rouge émincé
1/2 oignon rouge
Le jus de 2 oranges
1 citron vert
1/2 avocat

JEUDI
CARDIO WORKOUT

Corde à sauter — 45/15 sec
- 4 séries
- 3 répétitions
- 1 minute de récupération

Skipping sur place — 45/15 sec
- 4 séries
- 3 répétitions
- 1 minute de récupération

Sprints latéraux sur 5m — 45/15 sec
- 4 séries
- 3 répétitions
- 1 minute de récupération

Burpees — 45/15 sec
- 4 séries
- 3 répétitions
- 1 minute de récupération

Montées genoux en planche — 45/15 sec
- 4 séries
- 3 répétitions
- 1 minute de récupération

SEMAINE 1 VENDREDI

ASTUCE : GRÂCE À SES POLYPHÉNOLS, LE VINAIGRE DE BALSAMIQUE PERMET DE LUTTER CONTRE CERTAINS CANCERS.

MATIN : SMOOTHIE PROTÉINÉ

50 grammes de tofu soyeux
20 cl de lait de coco
1 kiwi
20 cl de jus d'orange
1 banane

MIDI : BOEUF À LA FRAMBOISE

100 g de filet de boeuf
1 poignée de roquette
5 framboises
2 cuillères de l'huile d'olive
2 cuillères de vinaigre balmasique
33 cl de crème fraîche 0%
Sel, poivre et épices aux choix

APRES MIDI : SMOOTHIE

2 grosses poignées d'épinard
100 gr de cerises dénoyautées,
100 gr de pêches ou abricots

SOIR : SALADE

4 grosses poignées de graines germées et jeunes pousses
2 tomates fraiches émincées
Le jus de 2 oranges
1 citron
1 grosse poignée d'epinard

VENDREDI
FESSIERS

Hip Thrust — 45/15 sec
- 4 séries
- 3 répétitions
- 1 minute de récupération

Fentes diagonale arrière — 45/15 sec
- 4 séries
- 3 répétitions
- 1 minute de récupération

Levée de jambes en planche — 45/15 sec
- 4 séries
- 3 répétitions
- 1 minute de récupération

Sumo squat — 45/15 sec
- 4 séries
- 3 répétitions
- 1 minute de récupération

Single leg Soulevé de terre — 45/15 sec
- 4 séries
- 3 répétitions
- 1 minute de récupération

SEMAINE 1
SAMEDI

ASTUCE : LE PERSIL EST UNE PLANTE QUI A LA CAPACITÉ DE PROTÉGER LE FOIE ET LES INTESTINS

MATIN : SMOOTHIE PROTÉINÉ

30cl de lait d'amandes
1 avocat
1 demi citron
1 c à café sirop d'agave

MIDI : SAUMON ANETH

3 tranches de saumon fumé
1 botte d'aneth
33 cl de crème fraîche 0%
2 cuillères de l'huile d'olive
1 demi citron vert
Sel, poivre et épices aux choix

APRES MIDI : SMOOTHIE

2 grosses poignées de chou frisé
100 gr de cerises dénoyautés
1 pomme rouge
1 pomme verte
1 cm de gingembre rapé

SOIR : SALADE

150 g de chou vert
2 cuillères de l'huile d'olive
2 cuillères de vinaigre
2 cuillères de miel
1 poignée de persil
1 orange
1 branche de ciboulette
30 g de noix concassé
150 g de blanc de poulet

Marko Kraljevic

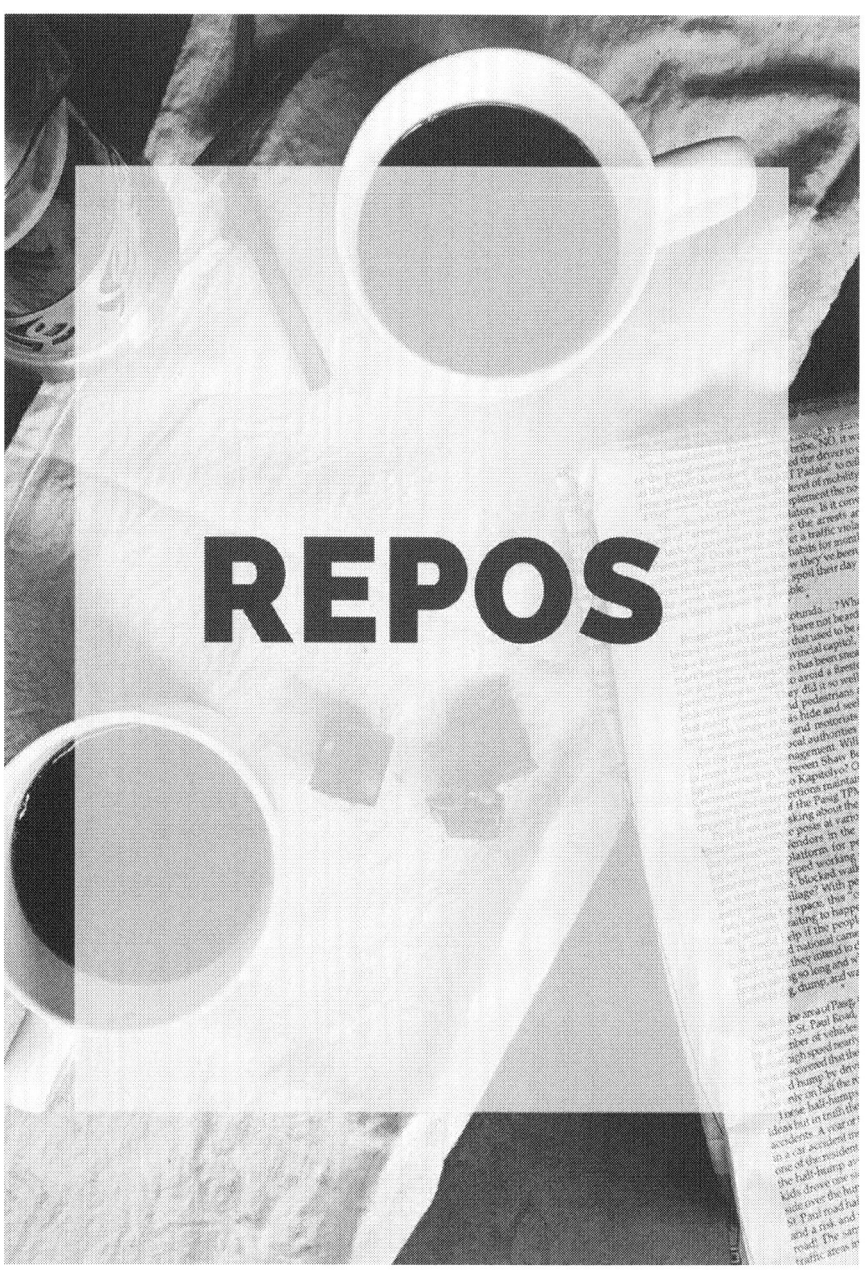

REPOS

SEMAINE 1 DIMANCHE

ASTUCE : LE BASILIC EST UNE EXCELLENTE SOURCE DE VITAMINE K NÉCESSAIRE POUR LA FABRICATION DE PROTÉINES PARTICIPANT À LA COAGULATION DU SANG.

MATIN : SMOOTHIE PROTÉINÉ

200ml de lait de noisettes
1/2 banane
15ml de miel
1 poignée de noix
1ml d'extrait de vanille

MIDI : CARPACCIO DE ST-JACQUES

4 saint jacques
1/3 de concombre
5 framboises
2 cuillères de l'huile d'olive
1 citron vert
2 feuilles de basilic
Sel, poivre et épices aux choix

APRES MIDI : SMOOTHIE

1/2 melon
2 grosses poignées d'épinard
4 feuilles de menthe
2 feuilles de basilic

SOIR : SALADE

1 carotte râpée
½ fenouil râpé
1/2 branche de céleri, tranchée
1 poignée de roquette
50 gr graines germées
1 cm de gingembre râpé
1 cuillère à café de curcuma

BONUS
FULL BODY

Pompes sur les genoux — 45/15 sec
- 4 séries
- 3 répétitions
- 1 minute de récupération

Kettlebell Swing — 45/15 sec
- 4 séries
- 3 répétitions
- 1 minute de récupération

Goblet Squat — 45/15 sec
- 4 séries
- 3 répétitions
- 1 minute de récupération

Extension triceps — 45/15 sec
- 4 séries
- 3 répétitions
- 1 minute de récupération

Planche montées de genoux — 45/15 sec
- 4 séries
- 3 répétitions
- 1 minute de récupération

SEMAINE 2
LUNDI

ASTUCE : LA CREVETTE EST RICHE EN PROTÉINES QUI CONTIENNENT LES NEUF ACIDES AMINÉS ESSENTIELS À NOTRE ORGANISME

MATIN : JUS ENERGISANT

3 pommes
3 petits fenouils
1 barquette de cresson
½ citron

MIDI : TAGLIATELLES AUX CREVETTES

100 gr de crevettes décortiquées
100 gr de tagliatelles
4 feuilles de coriandre
1/2 branche de céleri
2 cuillères de l'huile d'olive
2 cuillères de yaourt nature 0%
1 poignée d'épinard
1 demi citron vert
Sel, poivre et épices aux choix

APRES MIDI : SMOOTHIE

100 g de raisins
1 poire
2 grosses poignées d'épinard
1 citron

SOIR : TABOULÉ

200 gr de semoule
50 gr de fèves
2 tomates
1 oignon rouge émincé
2 cuillère à soupe d'huile d'olive
1 citron

LUNDI
CUISSES

Fentes alternées — 45/15 sec
- 4 séries
- 3 répétitions
- 1 minute de récupération

Squats — 45/15 sec
- 4 séries
- 3 répétitions
- 1 minute de récupération

Montées genoux sur place — 45/15 sec
- 4 séries
- 3 répétitions
- 1 minute de récupération

Sprints sur 10m — 45/15 sec
- 4 séries
- 3 répétitions
- 1 minute de récupération

Fentes laterales — 45/15 sec
- 4 séries
- 3 répétitions
- 1 minute de récupération

SEMAINE 2 MARDI

ASTUCE : LE CHOCOLAT NOIR CONTIENT 112 MG DE MAGNÉSIUM POUR 100 G CE QUI LUI PERMET DE LUTTER CONTRE LE STRESS

MATIN : JUS ENERGISANT

4 poires
1 branches de céleri
6 feuilles de menthe

MIDI : BROCHETTE DE POULET ET POTIRON

150 g de potiron
100 g de blanc de poulet
2 cuillerées de sésame
1 poignée d'épinard
2 cuillères de l'huile d'olive
2 cuillères de vinaigre de balsamique
1 poivron
Sel, poivre et épices aux choix

APRES MIDI : SMOOTHIE

1 poignée de jeunes feuilles d'ortie
1 poignée de côtes de bettes
1 banane
1 papaye
1 citron pressé

SOIR : TARTARE

1 pavé de cabillaud crus
1/2 avocat
2 tranches de mangue fraîche
1 poignée de roquette fraîche
1 citron

MARDI
ABDOMINAUX

Planche gainage
45/15 sec

- 4 séries
- 3 répétitions
- 1 minute de récupération

Planche laterale
45/15 sec

- 4 séries
- 3 répétitions
- 1 minute de récupération

Relevés de buste
45/15 sec

- 4 séries
- 3 répétitions
- 1 minute de récupération

Crunch classic
45/15 sec

- 4 séries
- 3 répétitions
- 1 minute de récupération

Relevés de buste
45/15 sec

- 4 séries
- 3 répétitions
- 1 minute de récupération

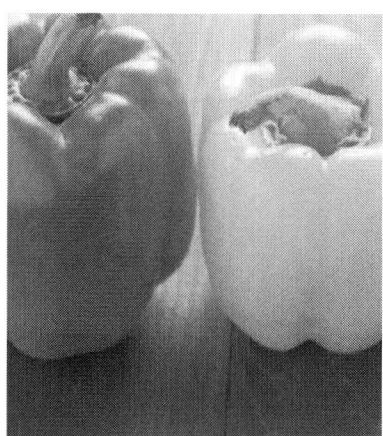

SEMAINE 2
MERCREDI

ASTUCE : LE MAÏS RENFERME DE LA LUTÉINE ET DE LA ZÉAXANTHINEUN DIMINUANT LE RISQUE DE DÉGÉNÉRESCENCE MACULAIRE ET DE CATARACTE

MATIN : JUS ENERGISANT

120 ml de lait d'épeautre
2 cuillères à café de beurre de cacahuète
1 banane
20 g de flocons d'avoine

MIDI : BURGER SAUMON AVOCAT

1/2 avocat
150 gr de saumon
4 feuilles de laitue
2 cuillères de l'huile d'olive
1 demi citron vert
4 tomates cerises
100 gr de pain au maïs
1/4 oignon rouge
Sel, poivre et épices aux choix

APRES MIDI : SMOOTHIE

1 banane
2 abricots
50 gr de fraises
1 cuillère à café de poudre de vanille

SOIR : SALADE

1 avocats
120 gr de crevettes décortiquées
1 kiwi
1 pomme
1 citron vert

Marko Kraljevic

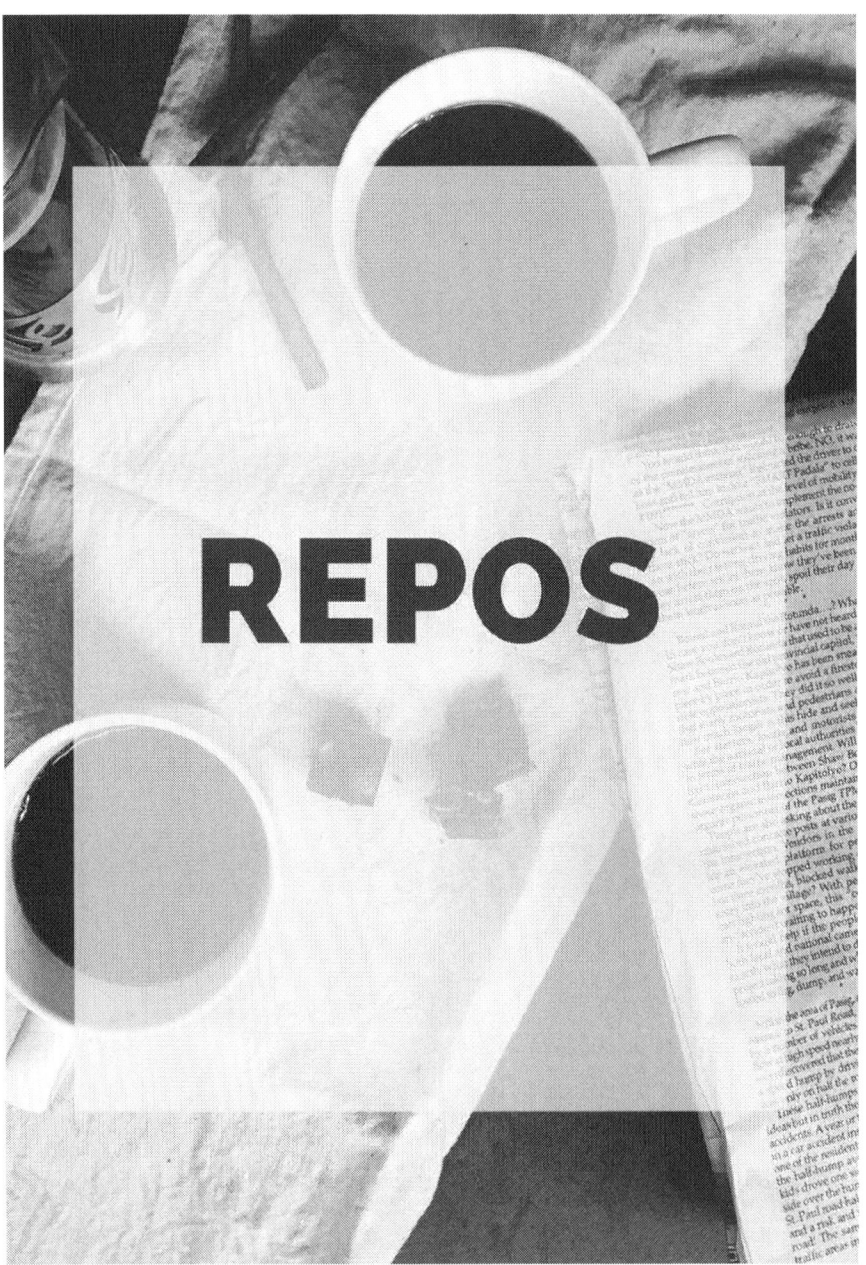

SEMAINE 2
JEUDI

ASTUCE : LE CHOU ET LES LÉGUMES CRUCIFÈRES SONT INTÉRESSANTS DANS LE CADRE D'UN RÉGIME SANS LACTOSE PUISQUE LE CALCIUM QU'ILS APPORTENT EST PARTICULIÈREMENT BIEN ASSIMILÉ PAR LE CORPS

MATIN : JUS ENERGISANT

1 branche de céleri
1 poignée d'épinard
½ bouquet de persil
1 poignée de basilic
1 tomate
1 citron

MIDI : TOMATE BURGER

2 grosses tomates
120 g de steak haché
1 tranche de jambon de dinde
2 cuillères de l'huile d'olive
4 feuilles de laitue
1/2 oignon rouge
2 cuillères de moutarde
Sel, poivre et épices aux choix

APRES MIDI : SMOOTHIE

1 banane
2 pommes
1 bouquet de persil
6 feuilles de menthe

SOIR : SALADE DE CHOU

½ chou vert émincé
¼ de chou rouge émincé
1 blanc de poulet de 100 gr
1 poignée d'épinard
1 carotte râpée
½ poivron rouge, émincé
1 oignon rouge émincé
1 citron

JEUDI
CARDIO WORKOUT

Corde à sauter — 45/15 sec
- 4 séries
- 3 répétitions
- 1 minute de récupération

Skipping sur place — 45/15 sec
- 4 séries
- 3 répétitions
- 1 minute de récupération

Sprints latéraux sur 5m — 45/15 sec
- 4 séries
- 3 répétitions
- 1 minute de récupération

Burpees — 45/15 sec
- 4 séries
- 3 répétitions
- 1 minute de récupération

Montées genoux en planche — 45/15 sec
- 4 séries
- 3 répétitions
- 1 minute de récupération

SEMAINE 2
VENDREDI

ASTUCE : LES NOIX DE CAJOU PERMETTENT DE CRÉER ET ENTRETENIR LES GLOBULES ROUGES SERVENT À APPROVISIONNER CORRECTEMENT LE CERVEAU EN OXYGÈNE

MATIN : JUS ENERGISANT

50 g d'avocat
20 g de vanille
10 g de tahini
5 g de spiruline
125 ml de lait d'amande
175 ml d'eau

MIDI : POULET AUX NOIX CAJOU

6 feuilles de coriandre
100 gr de blanc de poulet
1/2 oignon doux
2 cuillères de l'huile d'olive
20 gr de noix de cajou
1 cuillère à café de miel
Sel, poivre et épices aux choix

APRES MIDI : SMOOTHIE

1 banane
2 grosses poignées d'épinard
100 gr de myrtilles

SOIR : SALADE

1/2 chèvre moelleux en bûche
1 poignée d'épinard
100 gr de fraises
15 g de cerneaux de noix
1 cuillère de l'huile de noix
1 cuillère vinaigre de framboises

VENDREDI
FESSIERS

Hip Thrust
45/15 sec
- 4 séries
- 3 répétitions
- 1 minute de récupération

Fentes diagonale arrière
45/15 sec
- 4 séries
- 3 répétitions
- 1 minute de récupération

Levée de jambes en planche
45/15 sec
- 4 séries
- 3 répétitions
- 1 minute de récupération

Sumo squat
45/15 sec
- 4 séries
- 3 répétitions
- 1 minute de récupération

Single leg Soulevé de terre
45/15 sec
- 4 séries
- 3 répétitions
- 1 minute de récupération

SEMAINE 2 SAMEDI

ASTUCE : PEU CALORIQUE L'ORANGE PERMET ÉGALEMENT DE LUTTER ACTIVEMENT CONTRE LES RHUMATISMES EN PLUS DE LA FATIGUE.

MATIN : JUS ENERGISANT

4 poires
1 branches de céleri
6 feuilles de menthe

MIDI : TABULÉ DE CHOU DE FLEUR

150 gr de chou fleur
6 feuilles de menthe
1 poignée d'epinard
1/4 de concombre
2 cuillères de l'huile d'olive
2 tomates
Sel, poivre et épices aux choix

APRES MIDI : SMOOTHIE

1 poignée de jeunes feuilles d'ortie
1 poignée de côtes de bettes
1 banane
1 papaye
1 citron pressé

SOIR : TARTARE

1 pavés de cabillaud crus
1/2 avocat
2 tranches de mangue fraiche
1 poignée de roquette fraiche
1 citron

Marko Kraljevic

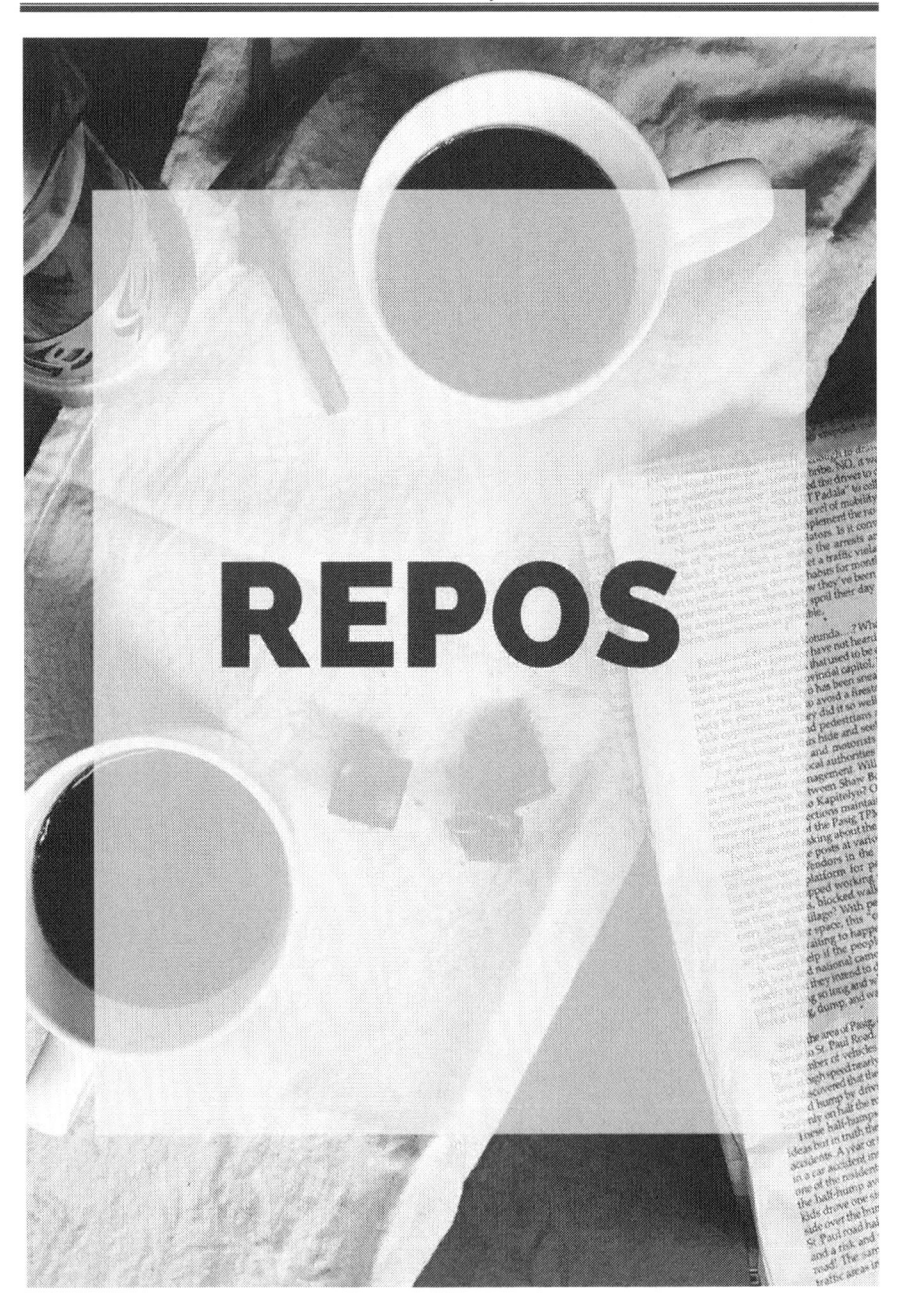

SEMAINE 2
DIMANCHE

ASTUCE : LA MENTHE EST EFFICACE CONTRE LES AFFECTIONS LIÉES AU PROBLÈMES RESPIRATOIRES

MATIN : JUS ENERGISANT

2 oranges
2 pommes
1 poire
1 carotte

MIDI : MAGRET SAUTÉ À L'ANANAS

6 feuilles de coriandre
250 g de magret de canard
1 tranche d'ananas
2 cuillères de l'huile d'olive
1 cuillère à café de sauce soja
Sel, poivre et épices aux choix

APRES MIDI : SMOOTHIE

1 melon
2 grosses poignées d'épinard
4 feuilles de menthe
2 feuilles de basilic

SOIR : WRAP

2 galette de blé
250 g de saumon
1 cuillère à café de St Môret
2 feuilles de basilic
6 mini bâtonnets de concombre

BONUS
FULL BODY

Pompes sur les genoux — 45/15 sec
- 4 séries
- 3 répétitions
- 1 minute de récupération

Kettlebell Swing — 45/15 sec
- 4 séries
- 3 répétitions
- 1 minute de récupération

Goblet Squat — 45/15 sec
- 4 séries
- 3 répétitions
- 1 minute de récupération

Extension triceps — 45/15 sec
- 4 séries
- 3 répétitions
- 1 minute de récupération

Planche montées de genoux — 45/15 sec
- 4 séries
- 3 répétitions
- 1 minute de récupération

Le programme

PHASE 3
OPTIMISATION ALIMENTAIRE

SEMAINE 3 LUNDI

ASTUCE : UTILISEZ VOTRE EXTRACTEUR DE JUS POUR FAIRE LE LAIT DE NOISETTES. FAITES TROMPER VOS NOISETTES PENDANT MINIMUM 2H DANS L'EAU. METTEZ VOS NOISETTES EN PETITES QUANTITÉS DANS VOTRE EXTRACTEUR SUIVI IMMÉDIATEMENT DES PETITES QUANTITÉS D'EAU

MATIN : LAIT DE NOISETTE

500 g de noisettes
0.8 litre d'eau Wattwiller
20 g de poudre de cacao 100%

MIDI : SALADE CESAR

4 feuilles de laitue
1 blanc de poulet de 250 gr
7 tomates cerises
2 cuillères de l'huile d'olive
½ citron vert
Sel, poivre et épices aux choix

APRES MIDI : SMOOTHIE

2 bananes
100 cl de lait d'amandes
50 g d'avoine
20 g de myrtilles

SOIR : PAS DE REPAS

LUNDI
CUISSES

Fentes alternées — 45/15 sec
- 4 séries
- 3 répétitions
- 1 minute de récupération

Squats — 45/15 sec
- 4 séries
- 3 répétitions
- 1 minute de récupération

Montées genoux sur place — 45/15 sec
- 4 séries
- 3 répétitions
- 1 minute de récupération

Sprints sur 10m — 45/15 sec
- 4 séries
- 3 répétitions
- 1 minute de récupération

Fentes laterales — 45/15 sec
- 4 séries
- 3 répétitions
- 1 minute de récupération

SEMAINE 3 MARDI

ASTUCE : SOURCE DE MANGANÈSE ESSENTIEL À LA SANTÉ DES OS, L'ANANAS AIDE À RÉDUIRE LA PERTE DE DENSITÉ OSSEUSE ET SOULAGE L'ARTHRITE.

MATIN : CRÊPES

100 g de patates douces cuites
3 blancs d'œuf
15 g de farine de noix de coco
15 g de flocons d'avoine
1 gousse de vanille

MIDI : HUEVOS RANCHEROS

115 g de dinde hachée
5 tomates cerises
1 oignon
1 poivron coupé en dés
1/2 citron
3 blancs d'oeuf
2 cuillères de l'huile d'olive

APRES MIDI : SMOOTHIE

250 cl de jus d'ananas
50 cl de lait de coco
2 bananes

SOIR : PAS DE REPAS

MARDI
ABDOMINAUX

Planche gainage
45/15 sec
- 4 séries
- 3 répétitions
- 1 minute de récupération

Planche laterale
45/15 sec
- 4 séries
- 3 répétitions
- 1 minute de récupération

Relevés de buste
45/15 sec
- 4 séries
- 3 répétitions
- 1 minute de récupération

Crunch classic
45/15 sec
- 4 séries
- 3 répétitions
- 1 minute de récupération

Relevés de buste
45/15 sec
- 4 séries
- 3 répétitions
- 1 minute de récupération

SEMAINE 3 MERCREDI

ASTUCE : LE MAGRET DE CANARD EST TRÈS RICHE EN ACIDES GRAS MONO-INSATURÉS CE QUI CONTRIBUE À LA PRÉVENTION DES MALADIES CARDIO-VASCULAIRES

MATIN : SMOOTHIE PROTÉINÉ

1 cuillère à café de spiruline en poudre
100 ml de boisson végétale à base d'avoine
1 cuillère à café de poudre de noisette
1/2 pomme verte

MIDI : MAGRET À L'ABRICOT

1 branche de romarin
150 gr de magret de canard
1 abricots
2 cuillères de l'huile d'olive
2 cuillères à café de sauce soja
1 cuillère de miel
Sel, poivre et épices aux choix

APRES MIDI : SMOOTHIE

1 bananes
50 gr de fraises
50 gr de framboises
50 gr de myrtilles
20 cl de lait de noix

SOIR : PAS DE REPAS

REPOS

SEMAINE 3 JEUDI

ASTUCE : GRAINE DE CHIA, UN SUPER ALIMENT CONTRIBUANT À LA SANTÉ DES OS GRACE À SA TENEUR EN CALCIUM

MATIN : SMOOTHIE PROTÉINÉ

100 ml de lait de noisette
1 poignée d'épinards
1 orange
1/2 mangue
1 cuillère à table de graines de chia

MIDI : FILET DE BICHE

100 g de fruits rouges
250 g de filet de biche
2 cuillères de l'huile d'olive
1 botte d'estragon
2 cuillères de sauce soja
1 cuillère de baie roses
Sel, poivre et épices aux choix

APRES MIDI : SMOOTHIE

1 banane
1 kiwi
1 fruit de la passion
10 cl d'eau
1 cuillère à café de poudre de vanille

SOIR : PAS DE REPAS

JEUDI
CARDIO WORKOUT

Corde à sauter — 45/15 sec
- 4 séries
- 3 répétitions
- 1 minute de récupération

Skipping sur place — 45/15 sec
- 4 séries
- 3 répétitions
- 1 minute de récupération

Sprints latéraux sur 5m — 45/15 sec
- 4 séries
- 3 répétitions
- 1 minute de récupération

Burpees — 45/15 sec
- 4 séries
- 3 répétitions
- 1 minute de récupération

Montées genoux en planche — 45/15 sec
- 4 séries
- 3 répétitions
- 1 minute de récupération

SEMAINE 3
VENDREDI

ASTUCE : GRÂCE À SA FORTE TENEUR EN VITAMINE C LE KIWI PERMET D'ÉVITER LA NERVOSITÉ ET L'ANXIÉTÉ. IL PERMET AUSSI D'ÉLIMINER LA RÉTENTION D'EAU

MATIN : SMOOTHIE PROTÉINÉ

5 fraises
150 ml de lait d'amande
20 g de myrtilles
1 kiwi
1 cuillère de miel

MIDI : PETIT POIS ET CANARD

4 aiguillettes de canard
4 feuilles de sauge
2 cuillères de l'huile d'olive
250 g de petits pois
1 gousse d'ail
Sel, poivre et épices aux choix

APRES MIDI : SMOOTHIE

150 gr de framboises
50 cl de lait de noix
1 cuillère à café de vanille

SOIR : PAS DE REPAS

VENDREDI
FESSIERS

Hip Thrust — 45/15 sec
- 4 séries
- 3 répétitions
- 1 minute de récupération

Fentes diagonale arrière — 45/15 sec
- 4 séries
- 3 répétitions
- 1 minute de récupération

Levée de jambes en planche — 45/15 sec
- 4 séries
- 3 répétitions
- 1 minute de récupération

Sumo squat — 45/15 sec
- 4 séries
- 3 répétitions
- 1 minute de récupération

Single leg Soulevé de terre — 45/15 sec
- 4 séries
- 3 répétitions
- 1 minute de récupération

SEMAINE 3 SAMEDI

ASTUCE : LA SPIRULINE CONTIENT 70% DE PROTÉINES

MATIN : SMOOTHIE PROTÉINÉ

150 ml de lait de coco
1 banane
1 poignée d'épinards
1/4 d'ananas
1/2 cuillère à café de spiruline

MIDI : SAUMON, AVOCAT ET CHAMPIGNONS

2 champignons de Paris
150 g de saumon
1 botte de ciboulette
2 cuillères de l'huile d'olive
1 demi citron vert
1 demi avocat
Sel, poivre et épices aux choix

APRES MIDI : SMOOTHIE

1 banane
150 gr de fraises
½ laitue romaine
1 cuillère à café de poudre de vanille

SOIR : PAS DE REPAS

REPOS

SEMAINE 3
DIMANCHE

ASTUCE : LA MÂCHE EST UNE SALADE ANTI-STRESS, QUI VEILLE À MAINTENIR LA BONNE HUMEUR

MATIN : SMOOTHIE PROTÉINÉ

120 ml de lait d'epautre
8 fraises
1 banane
3 cuillères à soupe de graines de chanvre

MIDI : BŒUF, MÂCHE ET CURCUMA

1 poignée de mâche
250 g de filet de boeuf
1 poignée d'épinard
2 cuillères de l'huile d'olive
33 cl de crème fraîche 0%
1 cuillère à café de curcuma
Sel, poivre et épices aux choix

APRES MIDI : SMOOTHIE

1 banane
2 grosses poignées d'épinard
100 gr de myrtilles

SOIR : PAS DE REPAS

BONUS
FULL BODY

Pompes sur les genoux
45/15 sec
- 4 séries
- 3 répétitions
- 1 minute de récupération

Kettlebell Swing
45/15 sec
- 4 séries
- 3 répétitions
- 1 minute de récupération

Goblet Squat
45/15 sec
- 4 séries
- 3 répétitions
- 1 minute de récupération

Extension triceps
45/15 sec
- 4 séries
- 3 répétitions
- 1 minute de récupération

Planche montées de genoux
45/15 sec
- 4 séries
- 3 répétitions
- 1 minute de récupération

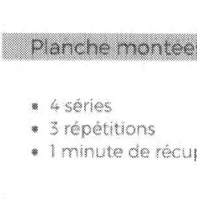

APRÈS 21 JOURS SILHOUETTE

Nous avons tous une image de soi, et un comportement lié qui va avec. Cette image de soi est façonnée par nous-mêmes. Le plus triste, c'est que la plupart des gens croient qu'il n'y a rien qu'ils puissent faire à ce sujet. Ils croient vraiment qu'ils sont comme ils sont et donc ne peuvent pas changer leur image de soi. Ce qui, évidemment, n'est pas vrai.

Nous pouvons changer. En fait, nous changeons tous les jours, tout le temps, sans le savoir.

Nous gagnons de l'expérience et nous évoluons naturellement avec l'âge. La direction de ce changement, cependant, peut être réglée soit par vous ou pour vous. Dans les sports, les gagnants sont ceux qui ont réussi à contrôler et à diriger leur propre image. Dans la vie, ceux qui réussissent sont ceux qui ont réussi contrôler et de diriger leur image de soi. Prenez contrôle de votre vie en continuant à prendre soin de votre corps avec une alimentation saine et équilibrée.

Faites de votre nutrition et de votre entrainement un style de vie et les changements seront durables.